Peter Tradowsky Von der Christus-Nähe des Kindes

Von der Christus-Nähe des Kindes

Die Auferstehung des Menschen im Kinde

Peter Tradowsky

Philosophisch-Anthroposophischer Verlag
Goetheanum Dornach/Schweiz

Geisteswissenschaftliche Vorträge

1 Wolfgang Greiner: **Eleusis – Göttermythos und Einweihungsweg**

2 Athys Floride: **Die Begegnung als Aufwacherlebnis**

3 Hermann Poppelbaum: **Goethe als esoterischer Christ**

4 Peter Müller: **Das Weihnachtsfest in der Darstellung Rudolf Steiners**

5 Wolfgang Greiner: **Grals-Geheimnisse**

6 Walter Holtzapfel: **Auf dem Wege zum Hygienischen Okkultismus**

7 Peter Tradowsky: **Von der Christus-Nähe des Kindes**

Einbandgestaltung Werner Kehlert

Gesamtherstellung Zobrist & Hof AG, Liestal
ISBN 3-7235-0345-4

Dieser Vortrag wurde gehalten
am 29. März 1983
im Goetheanum, Freie Hochschule für Geisteswissenschaft,
Dornach

Als Friedrich *Schiller* im Mai 1805 den Tod endgültig an sich herantreten fühlte, war sein letzter, tiefster Wunsch, sein jüngstes, viertes Kind, das damals noch nicht ein Jahr alt war, anzuschauen. Er liess es sich kommen. Er lag sterbend im Bett und schaute hin auf dieses Kind. Und damit schaute er das höchste Ideal an, das er in seinem Leben gelernt hatte anzuschauen. Er schaute hin auf das, was ihm als der wahre Mensch erschien, als das Höchste, das er hatte finden können, indem er erkenntnismässig und lebensgemäss gestrebt hatte.

Auf der anderen Seite: auf seinem Schreibpult lag unvollendet das Manuskript *«Demetrius»*. Da lag der Monolog der Marfa, der ja mit den Worten endet:

> Ich habe nichts als mein Gebet und Flehn;
> Das schöpf' ich flammend aus der tiefsten Seele,
> Beflügelt send' ich's in des Himmels Höhn,
> Wie eine Heerschar send' ich dir's entgegen.[1]

Das ist weit hineingesprochen in die christliche Zukunft, in die Erwartung des Kommenden – so wie Schiller, wenn er sein Kind anschaute, von dem er als sorgender, kummervoller Vater Abschied nahm, hinschaute auf das, was er sich in einer gewissen Weise erarbeitet hatte. In der ganzen Situation liegt mehr – sowohl im Schauen dieses Kindes, als auch in dem, was unvollendet, fragmentarisch in dieser gewaltigen «Demetrius»-Tragödie steckt, hinweisend, prophetisch deutend auf das, was kommen soll als der Christus in der slawischen Kulturepoche – viel mehr, als wir in Worte zu fassen vermögen.

Dennoch wollen wir versuchen, etwas von dem zu verstehen, was Schiller da anschaute in dem Kinde. Da müssen wir zunächst, um zu verstehen, was in seiner Seele ausgesprochen-unausgesprochen webt, vierzehn Jahre in seiner Biographie zurückgehen, zu jener schweren und eigentlich tödlichen Krankheit, die er im Jahre 1791 durchmachen musste, von der er sich ja im Grunde nie wieder ganz erholt hatte. Es war damals ein Todeskeim in ihn gelegt, mit dem er diese vierzehn Jahre gerungen hat. Die Lebenskräfte, die ihn immer wieder aus der Begeisterung erneuerten, rangen mit diesem Todeskeim, den er nicht ganz besiegen konnte. Beides, Tod und Leben, wogten immer auf und ab in seiner Biographie.

In dieser Todeskrankheit hatte er wichtige, entscheidende innere Erlebnisse. Wir haben für das, was er da durchgemacht hat, einen berufenen, seelenkundigen Zeugen. Das ist der damals ganz junge Student Friedrich von Hardenberg, der Schillers Frau beistand und seinen geliebten Lehrer pflegte und bei ihm wachte. Er ist uns allen bekannt unter dem Namen *Novalis*. Er sass nachtwachend an dem Bett des schwerkranken, mit dem Tode ringenden Schiller und pflegte ihn. Und er beobachtete nun, seelisch anschauend, was in diesem vorging. Wir haben Zeugnisse davon. Im ersten Gedicht, das er fragmentarisch hinterlassen hat, schildert er den Eindruck, den sein geliebter Lehrer in diesem Ringen an der Todesschwelle auf ihn gemacht hat:

> Den der Himmel nicht in seinem Glanze,
> Nicht die Höll' in ihren Nächten beugt.[2]

Da können wir aus der Geisteswissenschaft heraus leicht verstehen, was Novalis an seinem Lehrer beobachtet hat. Er hat gesehen, wie dieser Mensch wirklich steht auf der Schwelle zu der geistigen Welt und wie diese Schiller-Seele hinüberschaut, von der Schwelle aus sozusagen, hinein in die geistige Welt. Und er sieht, wie sein geliebter Lehrer nun zwischen den Mächten, die da geistig-seelisch vorhanden sind, indem er auf die Schwelle tritt, erlebt den Himmelsglanz, die luziferische Macht, die ihn nicht verführt, die Finsternis der Hölle, die ahrimanische Macht, die ihn nicht beugt. Sie beide stehen vor Novalis, natürlich auch vor Schiller, der auf der Schwelle steht und mit dem Tode ringt.

Wir sehen in Schiller einen Menschen, der das Luziferische und das Ahrimanische erfährt, erlebt, erkennt, so wie es ja dann vielgestaltig in seinem dramatischen, aber auch in seinem philosophischen Werk erscheint. Wir sehen einen Menschen, der nun auch das Mittlere zutiefst erfasst. Da ist keine Leere in der Mitte. Da ist auch etwas, was Schiller erfasst, was er ergreift, indem er sozusagen einen Blick über die Schwelle hinweg tun kann. Auch dafür können wir ein Zeugnis des Novalis anführen, der schrieb, Schiller sei «einer der seltenen Menschen ..., denen die Götter das hohe Geheimnis von Angesicht zu Angesicht offenbarten, dass die Schönheit und Wahrheit eine und dieselbe Göttin sei»[2a]. Wir werden sehen, dass das in dem hier gemeinten Sinne auch eine Wahrheit darstellt, dass die Wahrheit etwas ist, aus der die Kraft der Schönheit des künstlerischen Schaffens erfliesst. Das ist das eine, was wir sagen können. Da hat Novalis an Schiller beobachtet etwas wie die Stimmung der Mysterien. Schillers Seele war ja berührt von einer wirklichen Initiation. Schiller selber hat in einem Brief danach geschrieben: «Ich habe dabei mehr als einmal dem Tod ins Gesicht gesehen.» Er ist sich dessen bewusst, dass er dem Tod ins Auge geschaut hat: «Aber mein Mut ist dadurch gestärkt worden.»[3] Da sehen wir, dass er etwas wie einer *Lebenskraft* begegnet. Im Tode findet er die Stärke, den Mut, eine Lebenszuversicht, nicht ein Gebrochen-Werden. Vielleicht ist es sogar erlaubt zu sagen: Was Schiller da erlebt hat, indem er, die Dreiheit der Seelenwelt schauend, über die Schwelle blickte, was er da in der Mitte geschaut hat, das können wir auch fassen in einem Satz, den er selber seiner Jungfrau von Orleans in den Mund gelegt hat, und der ja eigentlich etwas darstellt, das sich aus den Mysterien ergibt: «Ich habe das Unsterbliche mit Augen gesehen.»[4] Dies ist eine alte Mysterienformel, die er da so ausgesprochen hat. Das zieht nun tief in seine Seele hinein, und das lebt in ihr, zunächst ohne dass sich Schiller dieser Dinge ganz bewusst werden kann.

Dann kommt ein erster Schritt des Erwachens dieser Kräfte in ihm. Wiederum ist es etwas, was sich an eine Realität seiner Biographie anknüpft. Nach einem schönen Wort Rudolf Steiners ist ja Schiller gewiss im Ganzen gesehen der sinnende Mensch[4a], derjenige, der mehr in einem innerseelisch-gedanklichen Element versucht, das zu finden, was er aussprechen möchte. Was wir jetzt zu behandeln haben, bildet aber eine grosse Ausnahme in Schillers Leben. In diesem Falle ist Schiller durchaus wie Goethe *der Schauende*. Er schaut etwas an. Und das, was er anschaut und was ihm ermöglicht, aus den Tiefen seiner Seele das hervorzuholen, was in sie hineingekommen ist, durch diese schwerwiegenden und natürlich auch karmisch vorbereiteten Erlebnisse, das ist nun, dass dem Ehepaar Schiller auf einer Reise in seine Heimat das erste Kind geboren wird. Schiller, der gerade dreiunddreissig Jahre alt geworden war, hat nun in Ludwigsburg und Stuttgart dieses Kind um sich. Wir müssen versuchen, uns zu vergegenwärtigen in unserer Phantasie, was da eigentlich unausgesprochen in Schiller vorgeht. Er schaut nun dieses Kind, das da in seiner Familie heranwächst, dann erlebt er in dem Heranwachsen dieses Kindes in diesen ersten Monaten, zunächst ihm selbst wie unbewusst, aber mit der Tendenz des Erwachens, des Aufsteigens in das Bewusstsein: Was in diesem Kinde lebt, was in diesem Kinde sich entwickelt, das ist ungeheuer verwandt, ja das ist eigentlich das gleiche, wenn ich es so betrachte, wie das, was ich an der Schwelle geschaut habe, als ich hinüberschauen konnte in das andere Reich, wo ich schauen konnte das Unsterbliche. Das begegnet mir jetzt wieder in dem Kinde. Eine Sehnsucht, die schon in dem ganz jungen Schiller gelebt hatte, findet jetzt eine erste Erfüllung. Das war die Sehnsucht, die man schon beobachten kann in «Die Räuber» in dem Satz: «... sei doch kein Kind ... Wär' ich's – wär' ich's wieder!»[5] Das war eine grosse Fragestellung, die da auftrat am Anfang seines Lebens. Durch den Gang der Biographie kommt jetzt etwas heraus wie ein Aufleuchten. Er schaut in diesem Kinde das an, was er zunächst unsichtbar im Übersinnlichen gesehen, erlebt hatte; das versinnlicht sich jetzt für ihn. Das wird in einer gewissen Weise für ihn erlebbar und geht von dem mehr Unbewussten in das Bewusste über. Dieser Vorgang führt nun dazu, dass er sich gedrängt fühlt, das auch gedanklich zu gestalten, philosophisch zu durchdringen, zu einer Erkenntnis zu bringen; so wie der Geistesforscher das, was für ihn erst hellseherische Erlebnisse sind, damit sie fruchtbar werden können für ihn selbst und die Mitmenschen, in eine gedanklich nachvollziehbare Form hineinprägt. Das hat Schiller getan in den Briefen *«Über die ästhetische Erziehung des Menschen»,* die nämlich in ihrem Kern enthalten die gewaltige Erkenntnis der wirklichen Kindesnatur.

Das möchte ich mit ein paar Strichen, ohne damit irgendwie diese Briefe Schillers ausschöpfen zu können, andeuten.

Schiller sieht auf der einen Seite in dem Menschen das, was er die Gestalt oder die *Form* nennt. Er spricht einmal selbst vom Übersinnlichen, vom Geistigen, das vom Himmel herunterkommt, vom Gestalteten, das eine individuelle Prägung hat. Auf der anderen Seite steht das, was er nennt das *Leben,* das sich ergibt aus den irdisch-lebendigen Verhältnissen, aus der Vererbung und so weiter. In dem Kind treten zusammen die Gestalt und das Leben, und es wird daraus die *lebendige Gestalt,* in der diese beiden Kräfte, die in einer Dualität, in einem polaren Spannungsverhältnis stehen, nun zusammenströmen und in einer lebenden Gestalt sich entfalten, Wirklichkeit werden im Kinde. Wir wissen aus dem Studium Schillers, dass er, indem er das im Kinde findet, den Ursprung des künstlerischen Prozesses findet, so wie er ihn in seiner *Ästhetik* verstand. Schillers Ästhetik ist eine Ästhetik des Kindes, der Kindesnatur im Menschen. Im Künstlerischen ist es auch so, dass ein übersinnlich Gestaltetes den Weg findet von dem Übersinnlichen zu dem Sinnlichen, sich versinnlicht in einer gewaltigen absteigenden Bewegung vom Himmel in die irdische Welt hinein. Und auf der anderen Seite gibt es eine gewaltige Gegenbewegung der Erhebung des Sinnlichen in das Geistige hinein. Wir haben eine absteigende Bewegung, die hinführt auf die Erde, und eine von der Erde aufsteigende Bewegung, die heraufführt. Da ergibt sich ein Kreuzungspunkt, das ist der Kreuzungspunkt, in dem sich der Mensch realisiert als ein geistig-sinnliches sich entwickelndes Wesen. Wir können auch sagen: das ist der Kreuzungspunkt der Christus-Kräfte, die sich da entwickeln.

Indem Schiller eine Ästhetik begründete, wollte er eigentlich zeigen, dass die künstlerische Produktion, aber auch das Aufnehmen des Kunstwerkes etwas zu tun hat im Menschen mit den Kindheitskräften, mit den sich belebenden Kindheitskräften. Der Mensch ist insofern Künstler, als er Kind sein kann – in dem jetzt charakterisierten Sinne –, dass er die beiden Bewegungen der Versinnlichung und der Vergeistigung vereinigen kann. Daher kommt dann auch die Formulierung Schillers: «... der Mensch spielt nur, wo er in voller Bedeutung des Wortes Mensch ist und *er ist nur da ganz Mensch, wo er spielt.*»[6] Im Spiel des Kindes hat Schiller zuerst die Vollendung, das Höchstmögliche angeschaut. Nun sieht er, dass das Höchste, das auch hinführt zu der Befreiung aus den geistigen Zwängen, wie aus den sinnlichen Fesseln, jene Durchdringung, jene Durchkreuzung der Kräfte ist, die den Menschen in *Freiheit* setzt. Wir haben diesen schöpferischen Prozess im Kinde, dann in dem künstlerisch schaffenden, gestaltenden Menschen. In diesem empfindet nun Schiller das Höchste, die Befreiung des Menschen von all dem, was ihm einen Zwang auferlegt.

Das ist, wie wir wissen, ein erster Schritt der Selbstbefreiung des Menschen. Schiller hat das nicht in die anderen Bereiche überführen können, er hat diese Kindheitskräfte eben wirksam gesehen in dem künstlerischen Schaffen und hat eine neue Ästhetik dadurch begründet.

Es ist eine wichtige Tatsache, die hier noch anzumerken ist, dass er auf diese Weise, durch diesen Weg der Anschauung und des Erfassens der kindlichen Natur, dahin kommt, *Goethe* wirklich in seinen tieferen Schichten zu verstehen, und dass Goethe das wahrnimmt mit grosser Freude, mit grossem Interesse. Goethe nimmt das auf wie eine Erhellung seiner eigenen Bestrebungen, durch die Schillersche Ästhetik wurde ihm sein künstlerisches Schaffen bewusster. Wir können sagen, dass ohne die hier charakterisierten Erlebnisse, Schiller nicht den Weg hätte zu Goethe finden können. Die Begründung dieser weltgeschichtlichen Freundschaft beruht darauf, dass Schiller zum Philosophen der Kindesnatur im Menschen wird, dass er etwas findet, was eben in einen ganz anderen Bereich des Künstlerischen und Menschlichen hineinführt. Wir können vielleicht sagen: Im Kunstwerk, in dem, was sich im *schönen Schein,* in dem Scheinen des Geistes in dem Sinnlichen darstellt, da lag für Schiller die höchste menschliche Leistung, die die Freiheit begründet. Und die höchste Leistung des menschgewordenen Gottes ist die Kindesnatur, ist das Überführen des Menschen in die Inkarnation.

Was da Schiller bewegte und was ihn mit Goethe verband, war die neue ästhetische Anschauung, in der sie sich finden und vereinen konnten. Von da aus konnte dann auch Schiller einen gewissen Zugang finden zu dem, was wir als die Goethesche Naturbetrachtung, die Goethesche Naturanschauung kennen. Wenn man das noch in einem tieferen, weiterführenden Sinne verstehen will, dann kann man das finden in dem Vortrag von *Rudolf Steiner: «Die Arbeit des Ich am Kinde.* Ein Beitrag zum Verständnis der Christus-Wesenheit»[7], der hier im Hintergrund der Darstellung steht und der überhaupt erst verständlich macht, was sich in den Tiefen der Seele Schillers abgespielt haben mag.

Wenn wir nun versuchen, geisteswissenschaftlich zu verstehen, was Schiller da eigentlich in der Kindesnatur angeschaut hat, können wir von seinen Begriffen aus ziemlich leicht einen Weg zu dem finden, was uns in der Geisteswissenschaft deutlich werden kann, was wir aus unserem Studium heraus finden können. Er hat das in einer philosophischen Vorform, in einer gewissen gedanklichen Abstraktion erfasst, aber er ist doch der erste, der in dieser, man möchte sagen, embryonalen Form das Geheimnis der Kindesnatur erfasst hat. Schiller ist der Entdekker der sinnlich-übersinnlichen Natur dessen, was im Kinde lebt. Wenn wir uns das geisteswissenschaftlich vergegenwärtigen wollen, dann müssen wir uns sagen: Was in dem Begriff der Schillerschen *Gestalt* liegt, das ist ja leicht zu erkennen als das, was in der Individualität von Erdenleben zu Erdenleben geht, was das Geprägte, Geformte in einer gewissen Weise Gewordene, das Karma-in-sich-Tragende ist; die Individualität, die die Erde wieder sucht und die sich zu ihrem Gefährt für die Inkarnation dann bildet, was wir den Geistkeim der Inkarnation, den Geistkeim des physischen Leibes nennen, der sich in der zweiten Hälfte der Entwicklung zwischen dem Tode und einer neuen Geburt heranbildet, um dann dem neuen Erdenleben zu dienen. Dem steht ja gegenüber der physische Keim, der Vererbungsstrom, der von der Erde aus diesem Geistkeim entgegenkommt, der ja zunächst noch in keiner direkten Beziehung mit den Kräften der Erde steht. Das also, was auf der Erde in den Bluts-, in den Vererbungs-Kräften, in dem natürlichen Leben darinnen wirkt und das eben hinführt zu dem natürlichen, zu dem physischen Keim.

Wir müssen uns nun sagen – auch wenn das nicht ausreicht, um den Menschen vollständig zu verstehen –, dass sich der Geistkeim und der physische Keim vereinigen und damit das Leben des Menschen auf der Erde gegeben, bedingt ist. Das ist richtig, erfasst aber nicht, dass eben zu diesen beiden Elementen des Geistkeimes und des physischen Keimes ein drittes Element tatsächlich hinzutritt. Wir hätten sonst eine Dualität in uns von Geistkeim und physischem Keim. Dazwischen tritt eben unsichtbar, aber für das Leben des Menschen auf der Erde entscheidend, das, was sich aus dem Todesopfer des Christus ergeben hat: das ist der erneuerte physische Leib, das erneuerte Phantom, der Auferstehungsleib, der als ein geistig-physisches Gebilde unsichtbar zwischen diesen beiden zunächst gegebenen Elementen steht. In die Bildung des Menschen aus dem Vorgeburtlichen heraus, durch die Embryonalzeit in die Kindheit hinein, strömen die Kräfte in ihn ein, die weit über sein einzelnes Ich, die weit über das hinausragen, was unsere Individualität, unser Ich schon ist. Indem wir geboren werden, indem der Geistkeim und der physische Keim zusammentreten, tritt unsichtbar, aber entscheidend für das Menschenleben dazwischen das Dritte, die Christus-Kraft, die da lebt in dem Auferstehungsleib, in den hinein wir geboren werden. Den Weg der Geburt, der Inkarnation gehend, über die Schwelle tretend, durchschreiten wir sozusagen den Ort der Gnade, wo wir begnadet werden mit den Kräften, die wir uns nicht selber verdanken, die uns zuströmen aus dem Todesopfer des Gottes – aus dem, was nichts zunächst mit uns zu tun hat, was insofern wirklich der Ort der Gnade ist. Und in diesem Sinne kann man sagen, dass wirklich der Christus für alle Menschen gestorben ist. Es fliesst etwas ein in die Bildung des Menschen bei der Geburt, bei der Empfängnis schon strömt etwas ein, was viel tiefer und grösser ist, als das, was wir zunächst in uns erfassen können. Es ist ein verborgenes, ein uns zunächst unbewusstes Wirken des Christus-Impulses durch die Kräfte, die Er in dem Osterereignis der Menschheit eingepflanzt hat.

Wir können uns diesen Vorgang auch dadurch noch etwas weiter verdeutlichen, dass wir uns klarmachen, was es eigentlich für den Menschen heisst, auf die Erde zu kommen. Auch da können wir an ein Novalis-Wort denken:

«Wenn ein Geist stirbt, wird er Mensch.»[8]

Wir müssen dieses Sterben des Geistes ganz real nehmen. Es ist wirklich ein Heraussterben aus der geistigen Welt, wenn wir geboren werden. Was die urmenschlichen Fähigkeiten des Kindes sind, was sich das Kind in einem Lernprozess aneignen muss, in einem Lernprozess, der ein leibumwandelnder, leibumgestaltender Prozess ist, der sich für uns ja in einem tiefen Schlafzustand vollzieht, diese Fähigkeiten, die wir da als menschlich konstituierende entwickeln, können wir nur entwickeln, indem die Hierarchien ihre Kräfte in dem sich inkarnierenden Menschen ersterben lassen.

Wenn die erste Hierarchie ihre Kräfte in dem Kind ersterben lässt, dann führt das für das Kind dazu, dass es sich aufrichten lernt. Das ist eine Kraft, die ja eine unsichtbare Kraft der Gestaltung des Menschen ist, die den Geist in den Körper einführt, mit dem Körper verbindet und dadurch die Aufrechte erreicht. Wenn die zweite Hierarchie ihre Kräfte ersterben lässt, in der Weisheit, in der Bewegung, in der Form, dann führt das dazu, dass das Kind allmählich zu dem gestaltenden Laut, zu dem Wort, zu dem Satz kommen kann, zu dem Sprechen. Und wenn die dritte Hierarchie ihre Kräfte ersterben lässt, so dass sie herausgehen aus der geistigen Welt, dann wird das, indem unser Gehirn sich umgestaltet, zu einem Werkzeug des spiegelnd intellektuellen Bewusstseins, dann wird das eben zur Fähigkeit des vorstellenden, abstrakten, intellektuellen Denkens, die allmählich von der Kindheit zur Jugend, zum Erwachsenen führt. Das ist ein ungeheurer Todesvorgang, wenn man dies von der geistigen Welt aus betrachtet. Und in diesem Todesvorgang, in diesem Ersterbensvorgang, steht nun das darinnen, was eben die Kräfte des erneuerten Phantoms sind. Da wird in dieses Ersterbende, das ersterben muss, damit wir überhaupt in einem Leibe auf der Erde leben können, hineingewoben das neue, auferstandene Leben, die Kraft, die die Kraft der Auferstehung ist, wie sie eingepflanzt ist in das Geistig-Physische der Erde. So sehen wir, was das Kind erlebt, was der Mensch, indem er Kind wird und die menschlichen Fähigkeiten für das Erdenleben sich erwirbt, verliert, indem er die geistige Welt verlässt. Es ist durchaus als ein Verlust anzusehen; wessen er aber auch zugleich teilhaftig wird, das können wir verstehen als einen Balance-Vorgang zwischen den ersterbenden Kräften, die das

Kind in das Leben auf der Erde hineinführen, und den belebenden Kräften, die einen gewissen Ausgleich herstellen.

Alles, worauf hier hingewiesen wird, kann zusammengefasst erlebt werden in dem Novalis-Satz:

«Wo Kinder sind, da ist ein goldnes Zeitalter»[9].

Ein tragender Goldgrund des Lebens leuchtet in jeder Inkarnation eines Menschen, oft tief verborgen. Wir erleben den Zauber des Kindes und können hier erkennen, dass dieses Erleben nicht nur aus elterlichem Stolz oder gerührter Sentimentalität kommt, sondern dass der fühlende Mensch das erhabene göttliche Menschenvorbild erahnt.

Nun müssen wir das, was bisher nur wie eine Art Voraussetzung hier gegeben worden ist – der Hinweis auf das erneuerte Phantom, auf den kraftenden, gestaltenden geistig-physischen Leib –, noch näher beleuchten. Wir können in diesem Zusammenhang darauf verzichten, einen weiteren Blick zu werfen auf den Geistkeim und den physischen Keim, aber es scheint doch notwendig, dass wir einen Augenblick das in unser gemeinsames Bewusstsein nehmen, was es mit der Auferstehung im Sinne der Anthroposophie auf sich hat. Da sind wir ja immer wieder und wieder aufgerufen, die Vorträge «Von Jesus zu Christus»[10] zu studieren. Es kann sich jetzt nur darum handeln, einige wenige Momente daraus zu beleuchten. Diese Vorträge bewegen uns in unserem Studium, weil sie uns nicht nur – zum ersten Mal in der Weltgeschichte! – einführen in ein menschenkundliches, kosmisches und geschichtliches Verständnis des Christentums, sondern weil sie auch etwas sind, was überhaupt unsere ganze anthroposophische Bewegung, was die Anthroposophie in ihrem Inneren möglich macht und trägt.

In diesem Zyklus werden wir auf viele entscheidende Dinge hingewiesen. Ich möchte jetzt nur den Aspekt herausgreifen, dass durch den luziferischen Einfluss auf unseren Astralleib während der lemurischen Zeit das geschehen ist, dass wir dann im Laufe der weiteren Entwicklung in dem ganzen Menschenwesen verändert worden sind, so dass das ganze Menschenwesen herabgesunken ist in die ahrimanisch finstere Schwere der Materie mit dem Ergebnis, dass dieses herabsinkende Menschenwesen, das ja eigentlich in seiner Gesamterscheinung übersinnlicher, das heisst auch zugleich unsichtbarer Natur ist, nun allmählich äusserlich sichtbar wird. Zugleich wird das menschliche Ich hineinverstrickt in diese absteigende, sich verfestigende, sich von dem Geistigen immer mehr abschnürende Entwicklung. In der Zeit vor dem Mysterium von Golgatha war eine Entwicklung eingetreten, die zur Folge hatte, dass das menschliche Ich durch diese Verhärtung, die entstanden war, entweder gar nicht mehr als Ich sich mit einem Körper hätte verbinden können oder aber – und das ist die andere Möglichkeit –, wenn ein Ich hineingegangen wäre in diesen sich immer mehr und mehr verfestigenden Körper, dann wäre es damit in eine Welt hereingerissen worden, in der es nicht nur als Ich betäubt, sondern in seinem Bewusstsein und in seinem Sein so beeinträchtigt worden wäre, dass es nach dem Tode nicht mehr erwachen würde, sondern in einer Art Dämmertraum dahinlebte. Es wurde diese Furcht besonders im Griechentum erlebt.

Wollte ein geistiges Wesen der Menschheit in dieser Situation, die für keine menschliche Individualität zu ändern war, die eben als die Sündenkrankheit, als die Erbsünde immer tiefer und tiefer in eine gewisse hoffnungslose Verstrickung hineinführen musste, helfen, so war das nur möglich, indem eine grundsätzliche Änderung in dem Wesensgefüge der Menschheit herbeigeführt wurde. Diese Änderung ist die denkbar grösste für die Erdenentwicklung. Man muss wohl zutreffender sagen: Eine neue Schöpfung wird der alten Schöpfung eingefügt, um eine tatsächliche Wendung in der Entwicklung der Menschheit und des Erdplaneten herbeizuführen. Wenn man das wollte, dann musste sich ein Wesen, das nicht in diesen Vorgang in irgendeiner Weise hineinverstrickt war, entschliessen, in einer freien Liebestat in diese Bildung hineinzugehen. Damit versuchen wir mit menschlichen Worten den Entschluss des Sonnengeistes anzudeuten, sich zu inkarnieren, den Weg der Menschheit nachzugehen, der Menschheit in diese ungeheuerliche Verstrickung zu folgen und sich in eine solche Bildung einzuschliessen, einzukerkern, einzusargen, wie sie ein so gestalteter, so gewordener Menschenleib eben darstellt. Und wir sehen, wie dieser Sonnengeist hineingeht in die allergrösste Engigkeit einer solchen Bildung, wie er seinen Wirkungsplatz verlegt von der Sonne auf die Erde und in einer menschlichen Bildung nun tatsächlich solange lebt, wie dieser Menschenleib das höchstens ertragen kann. Das ist die Zeitdauer auch der Kindesentwicklung von drei bis dreieinhalb Jahren. Solange kann überhaupt nur eine solche menschliche Leibesbildung das ertragen, was das wahre Ich in seiner Totalität tatsächlich ist, und so lebt der Gottessohn in dem Menschensohn drei Jahre bis zu dem Augenblick, da dieser sterbliche, menschliche Körper von ihm abgelegt wird, da dieser ihn auch nicht mehr weiter tragen und ertragen kann. Nun offenbart der Sonnengeist die Fähigkeit, seinen eigentlichen Leib, seinen geistig-physischen Leib durch diese Wendung, die er von der Sonne zur Erde gemacht hat, der Erdenentwicklung einzupflanzen. Der geistig-physische Leib, der seit dem Osterereignis innerhalb der physischen Welt lebt als ein unsichtbarer Kraftleib, das ist die Bildung, die eigentlich dem Sonnengeist zukommt. Das ist der dem Ich des Sonnengeistes gemässe Leib, wodurch Er etwas einpflanzt in die Erdenentwicklung, was nun auch dem Menschen-Ich ein Leben in dieser wie in der anderen Welt allmählich möglich machen soll, was eben dahin führen soll, dass das Ich leben kann als ein Bürger beider Welten, und was als letztes hinführen kann zu dem, was wir ja kennen aus den Darstellungen Rudolf Steiners als die Kontinuität des Bewusstseins, als das Bewusstsein, das im Irdischen sich dem Überirdischen, dem Übersinnlichen öffnet und im Überirdischen, in dem Nachtodlichen nicht in den Tod des Bewusstseins versinkt.

Dieser Leib des Sonnengeistes, das ist der auferstandene Gottessohn, der nun in die Kindesbildung sich unsichtbar wirkend hineinlebt. Wir können leicht verstehen, dass das, was wir zunächst als Menschen an uns tragen, was Rudolf Steiner einmal den «Menschensohn» nennt, dass dieser Menschensohn gar nicht in der Lage ist, vor allen Dingen durch das verengte intellektuelle Gegenstandsbewusstsein, das die Menschheit hat entwickeln müssen, dass dieses enge Bewusstsein des Irdischen gar nicht aufnehmen kann, was als ein gewaltiges Werden zwischen uns Menschen sich immer mehr und mehr geltend machen will.

Der auferstandene Gottessohn lebt sich hinein in die Menschheit zunächst durch die Kindesnatur.

Wenn wir uns die Eigentümlichkeit dieser Bildung versuchen durch einen Vorgang zu verdeutlichen, dann können wir sagen: das ist ein Leib, der nicht nach unten in die Schwere versinkt, der nicht ergriffen wird deswegen von der Sichtbarkeit. Wenn man ihn so sich vorstellt, dass er sichtbar würde für ein sinnliches Auge, dann hätte man diese Bildung ganz missverstanden, denn das würde heissen, dass dieser Leib versänke in die Schwere, in die Dichte, die sichtbar macht, in die Finsternis. Er bleibt vor der Finsternis. Er versinkt nicht in ihr. Aber er lässt sich auch nicht nach oben durch irgendeine Emotion zu dem Übersinnlichen emporreissen. Er wird nicht nach unten gezogen, aber auch nicht nach oben. Wenn wir ihn betrachten in Beziehung auf rechts und links, dann erinnern wir uns gleich daran, dass der Weg des Parzival ja dieser ist: *mitten hindurch.* Das ist die Kraft, die sich nicht nach links und nicht nach rechts abziehen lässt. Und wenn wir auch noch die Neigung nach vorne und nach hinten betrachten, dann können wir auch da bemerken, dass dieser Leib in einer vollkommenen Aufrechte in sich die Kraft des ewigen Lebens und des kosmischen Bewusstseins trägt, dass er ganz in sich geschlossen ist, ohne irgend etwas Fremdes zu haben: Eine in sich ruhende, sich tragende Bildung, die zwischen den Menschen unsichtbar wirkend schwebt; sie hat die Möglichkeit, als ein Same zu wirken, mit der Samenkraft sich zu vertausendfältigen in einem Prozess der Fruchtbarkeit, der Fortpflanzung, einer echten geistigen Vermehrung.

Bis hierher haben wir diese ganze Entwicklung so betrachtet, dass wir noch nicht Rücksicht genommen haben auf das individuelle Ich. Wir haben zunächst wirklich diese ganze Frage versucht zu betrachten und zu skizzieren im allgemeinen, so wie es für alle Menschen, natürlich mit Unterschieden, die hier nicht zu behandeln sind, wie es prinzipiell gilt. Nun allerdings müssen wir zu diesem allgemeinen Gesichtspunkt den individuellen hinzufügen. Wir müssen das Ich des einzelnen Menschen betrachten, denn sonst könnte ja der Eindruck entstehen, – wenn man die Sache nur bis hierher verfolgt hat –, dass der einzelne Mensch, das Ich, zu diesem Ganzen gar nichts zu tun braucht. Wir wissen natürlich, dass das ganz falsch ist. Denn natürlich kommt es auf das Ich des einzelnen Menschen im allerhöchsten Masse an. Für jeden Menschen, für jedes Ich kommt einmal in der Reihe seiner Inkarnationen der Augenblick, da er erfährt, was man nennen kann *das Ich der Iche.* Es ist die Erfahrung, dass es etwas gibt, was das Ich als Ich tragen und leiten kann, ohne dass das Ich des Menschen irgendwie seine in der Abschnürung errungene Selbständigkeit aufgeben muss, was diesem Ich aber die Möglichkeit gibt, die Einsamkeit, die Enge, die kosmische Abgeschnürtheit wieder zu überwinden. Irgendwann in dem Gang unserer Ich-Evolution durch die Inkarnationen muss der Augenblick kommen, da der Mensch gewahr wird, dass es das «Ich bin der Ich bin» wirklich gibt, dass es etwas gibt, was über dem eigenen Ich steht, was dieses Ich als Ich tragen kann. Der weitere Schritt kann dann sein, dass der Mensch bemerkt, dass dieser Sonnengeist, dieses Sonnen-Ich tatsächlich nun auch auf der Erde gelebt hat und lebt – etwas, was wir urbildlich haben in der Petrus-Erkenntnis: «Du bist der Christus, der Sohn des lebendigen Gottes.»[11] Ich erkenne, dass der Gottessohn, der Messias, in dir, in einem Menschen, erscheint. Dieser Akt individueller Erkenntnis ist der entscheidende Wendepunkt in der Ich-Entwicklung, wozu auch gehört, dass diese wendende Erkenntnis für das Ich ein Augenblick der grössten Demut sein muss. Es ist in dem Werdegang unseres Ich die stillste Stunde, aber das grösste Ereignis, in dem wir bemerken, dass tatsächlich der Christus gelebt hat und dass Er tatsächlich in einer neuen Bildung zwischen uns lebt und dass, indem wir mit ihm ein Band knüpfen, dadurch etwas stattfindet wie eine Befruchtung im Ich.

Der erste, der das in der Weltgeschichte erlebt hat, *Paulus,* hat es zugleich in fortdauernder Urbildlichkeit ausgedrückt: «So bin nicht ich es, der da lebt, sondern Christus lebt in mir.»[12]

Die Kraft können wir allmählich erwerben – dieses Erwerben-Können behält den Charakter der Gnade –, wir können etwas in uns aufnehmen, wodurch wir eine Anziehungskraft auf das ausüben, was er dem physischen Plan einverwoben hat. Dieses Ereignis kann ja in der allerverschiedensten Weise an den Menschen herantreten: durch einen Schicksalsschlag, durch die Tat eines Menschen, in einer Begegnung, in der Meditation, in irgendwelchen besonderen Augenblicken seines Lebens. Aber der Augenblick der Erkenntnis des Christus innerhalb der Erdenwelt und der Bedeutung des Christus für die Erden-Entwicklung muss kommen. Das ist ein Akt der höchsten individuellen Erkenntnis und auch die Heilung des Ich von dem, was eben als Hybris, als Anmassung, als Hochmut in diesem Ich darinnensteckt.

Nun ist das, wenn es auftritt in der Inkarnation eines Menschen, zunächst gewiss immer nur etwas wie ein Punkt, wie ein Samenkorn, und Unendliches brauchen wir, um das weiter zu entwickeln. Wir wissen, wie leicht wir das, was wir einmal hatten in einem Moment, manchmal nur in einer Sekunde, nicht als Sein, als Realität in unserem Ich haben. In unserem Bewusstsein, in unserem Leben, in unseren Taten können wir das selbstverständlich auch leicht wieder verlieren. Wir erleben, wie der Menschensohn in uns, der alte Adam, seine Kräfte geltend macht und das, was da individuell als Erkenntnis im Ich auflebt, sich als ungeheuer schwach erweist, ungeheuer schnell wieder verweht, vergessen wird. Für lange Zeit ist es wieder untergetaucht in uns, versunken im Meer des Vergessens, manchmal scheint es wieder verloren, aber insofern es eine geistige Realität in einem Leben, eine Wahrheit gewesen ist, bleibt es dem Ich. Das war in den zurückliegenden Menschheitszeiten so, das ist heute in einem wesentlich vertieften Sinne möglich, da wir die Geisteswissenschaft studieren können. Durch die Erkenntnis, wie sie uns Rudolf Steiner in dem erwähnten Vortrags-Zyklus «Von Jesus zu Christus»[10] vermittelt, kann ein solches Erlebnis ganz andere Dimensionen gewinnen. Wir haben eine grosse Hilfe durch die geisteswissenschaftlichen Erkenntnisse Rudolf Steiners auf diesem Gebiet.

Es ist klar, dass eine solche tiefste Begegnung im Ich, wenn sie Wahrheit und wenn sie Ernst ist, für dieses Ich, für das nachtodliche Leben des Ich die allergrösste Bedeutung hat, ja, dass sie überhaupt erst in dem nachtodlichen Leben in einer gewissen Weise ihre volle Bedeutung entfalten kann. Auf diesen Zusammenhang hat Rudolf Steiner in der «Geheimwissenschaft» hingewiesen: «Seit dem Christus-Ereignis können die Menschen, welche sich zu dem Christus-Geheimnis erheben, aus der sinnlichen Welt in die geistige das Errungene hinübernehmen. Und aus dieser fliesst es dann wieder in die irdisch-sinnliche zurück, indem die Menschen bei ihrer Wiederverkörperung dasjenige mitbringen, was ihnen der Christus-Impuls in der geistigen Welt zwischen dem Tode und einer neuen Geburt geworden ist.»[13]

Da können wir bemerken, wie das, was das Ich als Band geknüpft hat in einem Akt der freien Erkenntnis, indem es sich zu dem Christus erhebt und durch den Christus auch die Kraft der Erhebung bekommt, was sich dann ausgestaltet in dem Leben zwischen Tod und neuer Geburt, seine Verwirklichung findet, indem der Mensch zurückkehrt in das Erdenleben. Da sehen wir jetzt in die Bildung, die wir vorhin beschrieben haben, ein anderes Element noch eingreifen. Wir haben den Vorgang allgemein geschildert, nun kommt der individuelle Aspekt dazu. Der Mensch hat die Erkenntnis des Christus in einem gewissen, zunächst vielleicht nur vorläufigen Sinne in sich aufgenommen, er hat sie in der geistigen Welt verarbeitet und, wenn er jetzt wieder gemäss seinem Karma in das Erdenleben eintritt, hat er jetzt durch diese Christus-Begegnung eine besondere Anziehungskraft zu den Kräften, die wir kennengelernt haben, die mit der Geburt aus der Auferstehung einfliessen in die kindliche Bildung. So fliessen sie zurück in das sinnlich-irdische Leben. Sie verbinden sich mit ihm, sie verleiblichen sich, sie realisieren sich in ihm.

Man kann, wenn man es anders formulieren will, auch sagen, dass man eigentlich erst im zweiten Erdenleben etwas von der Realität des Christus, des Christentums haben kann. Es ist eine sehr wichtige Erkenntnis, dass dies ein *Prozess* ist. Was wir uns erarbeiten in einem Erdenleben, das unterliegt in einem zweiten und dritten Erdenleben einem sich verstärkenden Prozess des Auf- und Absteigens. Es ist ein auf- und absteigender Prozess, in dem wir uns allmählich durch dieses Gesetz den Christus-Impuls zu eigen machen können, so dass er in uns eine gewisse Realität erlangen kann. Wir beobachten ja sonst, wenn wir ehrlich sind, sehr leicht an uns, dass das, was wir uns zunächst erarbeitet haben, auch wenn es ernst und wahrhaftig ist, so ungeheuer schwer überzuführen ist in die Realität, weil wir mit den Kräften des alten Adam, des Menschensohnes in uns, nicht zurechtkommen. Der Gottessohn in dem Kinde, der auferstandene Gottessohn im Menschen, wird der Gnade der Individuation teilhaftig, wenn der Mensch, der in seinem Ich etwas von der Christus-Substanz aufgenommen hat, wiedergeboren wird. Es gibt das Johannes-Wort: «Er muss wachsen, ich aber muss abnehmen.»[14] Der Gottessohn im Menschen muss wachsen, der Erdensohn, der Menschensohn, der alte Adam muss abnehmen.

Nun kann dann natürlich auch die Frage auftreten: Wie sieht das aus innerhalb eines Erdenlebens? Wir haben jetzt den grossen Gang der Evolution betrachtet; wie sieht es aber in unserem einzelnen Leben aus? Wir müssen uns zunächst immer wieder sagen, dass die Kräfte, die uns im Leben tragen und erhalten, eigentlich die Kindheitskräfte sind. Das Kind in uns ist es, was uns in Wahrheit als Menschen leben lässt. Das ist ja auch ein Sinn des Christus-Wortes: «Es sei denn, dass ihr euch umkehret und werdet wie die Kinder, so werdet ihr nicht ins Himmelreich kommen»,[15] weil eben in dem Unbewussten der Kindesnatur die wahren göttlichen Kräfte des Christus selbst walten. Wir können durchaus sagen: In dem Moment, wo der Menschensohn in uns die Oberhand gewinnt, werden wir durch die Kräfte dieses sterblichen Menschensohnes tatsächlich getötet. Das ist der Augenblick des Todes, da der Menschensohn die Oberhand gewinnt. Aber es ist natürlich auch der Augenblick, in dem der Gottessohn befreit wird. Das ist die andere Seite.

Wenn wir Geisteswissenschaft studieren, wenn wir ringen um das Verständnis dessen, was als Geisteswissenschaft durch Rudolf Steiner an uns herangebracht wird, erfahren wir in dem Vortrag über die Arbeit des Ich am Kinde[7], dass ein eigentliches, innerliches Verständnis der Anthroposophie mit diesen Kräften in uns, die die besten sind, zusammenhängt. Auf der anderen Seite werden dadurch, dass wir uns mit der Geisteswissenschaft in einem ernsten und tiefgehenden Sinne beschäftigen, immer diese Kräfte wieder belebt, sie werden regsam gemacht, sie werden verstärkt. Das rechte Studium der Anthroposophie muss ja insofern auch immer dazu führen, dass wir uns bis in unsere Gesundheit hinein gestärkt, erfrischt, verlebendigt fühlen, dass da eine Kraft in uns hereinkommt. Eine Kraft wird in uns belebt, die etwas Tragendes, Gesundendes, Heilendes und uns der Wahrheit Annäherndes ist.

Nun werden wir aber auch oft erleben, dass wir in unserem Ringen um Verständnis Schwierigkeiten haben, dass wir nur zur Bildung einer inneren Kraft kommen, dass wir den Eindruck haben: wir kommen nicht weiter, weder in dem Verständnis noch in der Realisation.

Das ist natürlich ein Erlebnis des Widerstandes, das wir alle durchmachen müssen, wodurch wir ja auch in unserem Streben, in unserer Geduld, in der Ausdauer gestärkt werden. Insofern ist das natürlich von grösster Wichtigkeit, denn an dem Widerstand gewinnen wir tatsächlich etwas. Wir könnten nie etwas

Selbständiges zuwege bringen, wenn wir nicht mit diesen Widerständen auf allen Gebieten der Entwicklung zu ringen hätten.

Aber wir müssen auch noch etwas anderes berücksichtigen. In unserem Wachbewusstsein mühen wir uns, etwas zu verstehen. Wir können das immer nur so intensiv wie nur möglich, so hingebungsvoll wie nur möglich tun. Aber wir sind ja nicht immer wachende Wesen. Wir gehen hinein in den Schlaf. Wenn wir da gerungen haben um das Eindringen in die Geisteswissenschaft, um das Verständnis des Christus und seiner Auferstehung, dann ist das etwas, was unsere Seele stärkt, was unsere Seele mobilisiert in ihren Kräften, und wenn wir dann einschlafen, dann lebt das, was sich in unserem Bewusstsein, unserem verengten Verständnis noch gar nicht mitteilen kann, als eine in uns arbeitende, unterbewusste Kraft in uns. Darauf weist Rudolf Steiner in einem Vortrag hin, der für diese ganzen Zusammenhänge von grösster Bedeutung ist: «Während dieses Selbständigmachens im Schlafe geschieht namentlich die Einwirkung der Christus-Kraft bei denjenigen Menschen, die sich durch den nötigen Seeleninhalt in entsprechender Weise für den Schlafzustand bereithalten.»[16] Da die Zuhörer damals wahrscheinlich zunächst ebenso erstaunt waren wie der Leser heute erstaunt ist, wiederholte er: «Also die Einwirkung durch die Christus-Kraft geschieht vorzugsweise während des Schlafzustandes.»[16] Das heisst natürlich nicht, dass wir auch nur einen Moment lang darin müde werden sollen, uns um ein bewusstes, durchdachtes Verständnis der Geisteswissenschaft zu bemühen. Nur ist, was wir im Bewusstsein erringen, ein Teil. Die Kraft, die wir dabei anwenden und die vielleicht auch am Widerstand ermüden mag, die ist etwas, was uns im Schlafe der Christus-Kraft zugänglich macht, was etwas in die Seele hineinbringt, womit die Seele weiter leben kann. Das kann uns auch einen gewissen Trost, eine gewisse Zuversicht in unserem Streben geben, eine gewisse Sicherheit, dass, was wir wirklich erarbeitet haben – auch wenn wir es zunächst noch nicht mit unserem Bewusstsein umschliessen können – etwas ist, wenn es eben wahr und ernst ist, was tief sich in die Seele einsenkt, in die Schichten, die noch ausserhalb unseres Bewusstseins liegen. Wir können uns dabei immer an das menschenkundliche Gesetz halten, dass alles, was in uns schläft, die Tendenz hat, aufzuwachen, dass alles, was im Schlafe liegt, die Neigung hat, in der Zukunft hinzuführen zu einem Erwachen. Was jetzt schlafend in unsere Seele einverwoben wird durch die geisteswissenschaftliche Arbeit, das ist etwas, was in der Zukunft aufwachen wird. Wieviel und wie gut das sein wird, was da aufwacht, das hängt eben in höchstem Masse von dem ab, was wir jetzt in einem Zustand, in dem wir das noch nicht ganz übersehen können, in unsere Seelen hineinarbeiten, welche Mühe wir aufwenden mit unserem Ich.

Einmal weist Rudolf Steiner auf eine besondere Wirksamkeit hin, die durch wirkliche geistige Arbeit gewonnen werden kann: Wenn der Mensch die Kräfte, die als die besten in das Kind durch den auferstandenen Gottessohn hineinfliessen, «gebrauchen kann durch esoterische Weisheit, dann fliesst diese Kraft aus durch die Fingerspitzen, und er bekommt die besondere Gabe der Heilung, der Gesundung durch Handauflegen – wenn sie noch wirksam sind, jene geistigen Kräfte, die nicht mehr den eigenen Körper umgestalten, die aber, wenn sie ausfliessen, segensreich wirken»[17]. Die Kräfte, die aus dem selbstlosen, in uns noch schlummernden Ich hervorgehen, erweisen sich so als auf den Umkreis bezogene, sozial wirkende. So kommen die Früchte unserer Arbeit, gerade wegen des unmittelbaren Widerstandes der alten menschlichen Organisation dem Mitmenschen zugute. Das ist auch eine Realisation dieser göttlichen Kindheitskräfte in uns, die immer über das enge Bewusstsein und die egoistische Selbstbezogenheit hinausweisen.

Lessing hat einmal gesagt: «Nicht die Wahrheit, in deren Besitz irgend ein Mensch ist, oder zu sein vermeint, sondern die aufrichtige Mühe, die er angewandt hat, hinter die Wahrheit zu kommen, macht den Wert des Menschen. Denn nicht durch den Besitz, sondern durch die Nachforschung der Wahrheit erweitern sich seine Kräfte, worin allein seine immer wachsende

Vollkommenheit besteht.»[18] Das kann man wie ein Motto für das geisteswissenschaftliche Erkenntnis- und Wahrheitsstreben auffassen. Die wirkliche Seelenarbeit gibt dem Ich die innere Kraft, die innere Konsistenz, die im Schlaf und nach dem Tode dazu führt, dass sich die Christus-Kräfte immer stärker in den Menschen hineinleben können, so dass sie bei einer neuen Geburt sich durch die Auferstehung im Kinde realisieren.

Wir haben angedeutet, wie durch die Kraft der Auferstehung des Christus durch Empfängnis und Geburt etwas in das Kind hineinströmt, was die Lebenskraft des auferstandenen Gottessohnes ist, die allgemeiner und individueller Natur ist, die das Geistig-Göttliche mit dem Irdisch-Menschlichen zu vereinigen vermag. Das alles lebt zusammengefasst in dem Wochenspruch des «Anthroposophischen Seelenkalenders», der über das Karfreitags-Mysterium zu dem Oster-Ereignis hinführt:

Wenn aus den Seelentiefen
Der Geist sich wendet zu dem Weltensein
Und Schönheit quillt aus Raumesweiten,
Dann zieht aus Himmelsfernen
Des Lebens Kraft in Menschenleiber
Und einet, machtvoll wirkend,
Des Geistes Wesen mit dem Menschensein.[19]

Anmerkungen

1 Friedrich von Schiller, Demetrius-Fragment, Vers 1227–30.

2 G. Schulz, Novalis. Reinbek 1969, S. 29. – Siehe im übrigen für diese ganze Darstellung: R. Buchwald, Schiller, 2. Bd., Frankfurt a. M. 1954, S. 203ff.

2a Brief an K. L. Reinhold (1791) in: Schillers Gespräche, herausgegeben von Freiherr von Biedermann. Zürich 1974, S. 175.

3 Friedrich von Schiller, Brief an Christian Gottfried Körner vom 10. April 1791, bei Buchwald (s. Anm. 2) S. 162.

4 Friedrich von Schiller, Die Jungfrau von Orleans, V. Akt, 4. Aufzug, Vers 3191f.

4a Siehe: Rudolf Steiner, Der Goetheanumgedanke inmitten der Kulturkrisis der Gegenwart. GA 36, Dornach 1961, S. 128–132.

5 Friedrich von Schiller, Die Räuber, III. Akt, 2. Aufzug.

6 Friedrich von Schiller, Über die ästhetische Erziehung des Menschen in einer Reihe von Briefen. 15. Brief.

7 Rudolf Steiner, Die Mission der neuen Geistesoffenbarung. Das Christus-Ereignis als Mittelpunktsgeschehen der Erdenevolution. Vortrag vom 25. 2. 1911 in Zürich. GA 127, Dornach 1975.

8 Novalis, Neue Fragmente, 246. Nach der Ausgabe von Wasmuth, Briefe und Werke. Heidelberg 1953/57.

9 Novalis, «Blütenstaub»-Fragment Nr. 97.

10 Rudolf Steiner, Von Jesus zu Christus. GA 131, 6. Aufl. Dornach 1982.

11 Matthäus 16,16 nach der Übersetzung von Emil Bock, Das Neue Testament. Stuttgart 1980.

12 Paulus, An die Galater, 2,20. Nach der Übersetzung von Emil Bock (s. Anm. 11).

13 Rudolf Steiner, Die Geheimwissenschaft im Umriss. GA 13, 29. Aufl. Dornach 1977, S. 293.

14 Johannes 3,30. Nach der Übersetzung von Emil Bock (s. Anm. 11).

15 Matthäus 18,3. Siehe auch Markus 10,13ff. Nach der Übersetzung von Martin Luther.

16 Rudolf Steiner, Der Ostergedanke, die Himmelfahrtsoffenbarung und das Pfingstgeheimnis, in: Die menschliche Seele in ihrem Zusammenhang mit göttlich-geistigen Individualitäten. Die Verinnerlichung der Jahresfeste. Vortrag v. 7. 5. 1923. GA 224, Dornach 1966.

17 Anmerkung 7, S. 91.

18 Gotthold Ephraim Lessing, Kleine Schriften: Eine Duplik I.

19 Rudolf Steiner, Wahrspruchworte. GA 40, 5. Aufl. Dornach 1981, S. 36. Siehe auch: Anthroposophischer Seelenkalender, Dornach 1982, 52. Woche.

Philosophisch-Anthroposophischer Verlag
Goetheanum, CH-4143 Dornach

REIHE GEISTESWISSENSCHAFTLICHE VORTRÄGE

Wolfgang Greiner
Eleusis
Göttermythos und Einweihungsweg
40 Seiten, kartoniert.
Geisteswissenschaftliche Vorträge Nr. 1

In Eleusis vollzog sich etwas, was die ganze Menschheit angeht. In diesen «das ganze Menschengeschlecht zusammenhaltenden» Mysterien spiegelt sich die Bewusstseinsgeschichte der Menschheit selbst, von ihrem Beginn bis in die Zukunft: das Ur-Drama ihres Himmels-Sturzes, das Durchgehen durch die Erdenfinsternis, das Mysterium ihrer Auferstehung.

Athys Floride
Die Begegnung als Aufwacherlebnis
40 Seiten, kartoniert.
Geisteswissenschaftliche Vorträge Nr. 2

«Nimmt man aber das als eine Übung, sich völlig durchdrungen sein zu lassen von den Meinungen und Gedanken des anderen, und opfert man in diesem Augenblick seine eigenen Meinungen, dann spricht der andere das aus, was er ist. Man ist Schale geworden für das Wesen des anderen, gibt ihm einen freien Raum. Durch dieses Opfer wird ein Teil der Hindernisse, die zwischen beiden Menschen standen, beseitigt.»

Hermann Poppelbaum
Goethe als esoterischer Christ
40 Seiten, kartoniert.
Geisteswissenschaftliche Vorträge Nr. 3

In der Verantwortung für den Menschen als entelechisches Wesen sieht Goethe das wahre Christentum. Darin ist der Angelpunkt des gesamten Goetheschen Schaffens begründet. «Die wahren esoterischen Christen brauchen den Namen Christus selten, das ist ein charakteristisches Merkmal.»